APPEL

AUX

SPRITS GÉNÉREUX

DE TOUTES LES OPINIONS;

PAR Mlle DE F***.

PARIS,

RUE LOUIS-LE-GRAND, N° 25;

DENTU, LIBRAIRE, PALAIS-ROYAL, GALERIE D'ORLÉANS, N° 13;

MARTIN, RUE DE RICHELIEU, N° 63;

ET CHEZ LES MARCHANDS DE NOUVEAUTES.

1831.

APPEL

AUX ESPRITS GÉNÉREUX

DE TOUTES LES OPINIONS,

PAR Mlle DE F***

<hr>

SOMMAIRE.

Que les peuples sont toujours dupes des ambitieux qui les trompent ; que la révolution de 1830 a été l'œuvre de l'égoïsme et de la vanité, et que ses résultats sont tout à-la-fois ridicules et déplorables ; que le parti républicain ne trouve pas sympathie dans la majorité de la France ; que le parti royaliste est celui qui a encore le plus d'influence parce qu'il s'appuie sur un principe, le principe d'hérédité, que toutes les sociétés politiques ont reconnu et admis ; que ceux qui le défendent ont par conséquent une supériorité immense sur leurs adversaires ; que le parti dominant ne peut faire le bonheur de la France.

Au milieu de ces grandes convulsions politiques qui bouleversent d'une manière violente les constitutions des empires, qui ébranlent tout l'édifice social jusque dans ses fondemens, chaque individu se trouve en quelque sorte lancé dans une sphère d'activité quelconque. Les ambitieux, les égoïstes, se hâtent de profiter de la confusion générale pour l'exploiter à leur profit. C'est alors qu'on voit les hommes fougueux se présenter dans la lice, armés des passions populaires, qu'ils soulèvent, qu'ils exaltent à leur gré. Les mots de liberté, de patrie, de droits du peuple, retentissent à tout propos dans leurs bouches ; à les entendre, eux seuls comprennent ce sentiment sublime qu'on appelle patriotisme, eux seuls sont les dépositaires de l'honneur national, les arbitres souverains du bonheur des peuples. La multitude, dans tous les temps comme dans tous les pays, est toujours plus accessible à la voix des passions qu'à celle de la raison ; ils le savent, et c'est pour cela même qu'au mépris de cette philosophie libérale qu'ils ne prêchent qu'en paroles, ils s'efforcent de déchaîner tout ce qu'il y a de criminel dans la nature humaine, afin de couvrir de ce limon impur la société tout entière. Peu leur importe que les principes éternels de la justice soient méconnus, que le chaos et la barbarie remplacent cette exquise civilisation qu'ils ne cessent de préconiser ; peu leur importe que la flamme et le fer dévastent leur patrie, que les massacres et les spoliations la couvrent de ruines, si au travers du désordre universel ils peuvent arracher pour eux-mêmes quelques lambeaux du pouvoir. Alors ils invoqueront les lois de cette justice qu'ils auront foulée aux pieds ; alors ils s'en feront un point d'appui pour essayer de justifier leur usurpation ; alors un langage tout moral succédera à ce langage corrupteur à l'aide duquel ils ont entraîné les hommes crédules qui sont devenus les instrumens aveugles de leurs coupables desseins. Que deviendra le peuple dans ce conflit d'événemens ? Son sort sera-t-il plus heureux ? Les ambitieux pour lesquels il a combattu lui tiendront-ils compte de son sang versé pour leur cause ? Non : ils n'ont plus besoin de son bras, ils le repousseront avec mépris ; bien mieux, ils l'opprimeront, et l'intérêt de leur propre conservation leur en impose la nécessité. Eux-mêmes lui ayant donné la conscience de sa force, ils sentiront que ces doctrines qu'ils lui ont inculquées afin qu'elles appuyassent des prétentions en dehors de l'équité leur deviennent hostiles dès lors qu'ils ont quelque chose à défendre. Toute puissance usurpée est ombrageuse de sa nature, et lorsque tout un peuple peut élever un seul cri d'indignation contre elle, il importe à son propre salut d'étouffer cette voix unanime. Ainsi ce peuple qu'on aura bercé de tant d'illusions, à qui des flatteurs perfides auront donné le titre de souverain, sera dépouillé de toute participation aux affaires publiques ; ses intérêts les plus essentiels seront sacrifiés selon le bon plaisir de ceux qui l'auront trahi. Son travail pénible et journalier ne servira même plus à le garantir de la misère ; la gêne du commerce, la stagnation de l'industrie, conséquences immédiates de toute crise politique, réagiront d'une manière plus funeste encore sur la classe ouvrière, à qui le prix de son labeur seul procure le pain de chaque jour ; et sa position sociale, loin d'être améliorée, sera au contraire rendue de plus en plus précaire par le despotisme de ceux qu'il aura si imprudemment portés au pouvoir ; car ces hommes se montreront envers le peuple d'autant plus avides et plus implacables qu'étant en quelque façon sortis de ses rangs ils croiront faire oublier à force d'arbitraire leur longue soumission, et à force d'arrogance leur obscure origine. Ce despotisme, répondra-t on, est impossible dans un état régi par une constitution libre ; la presse n'est-elle pas indépendante ? des voix génereuses peuvent donc se faire entendre et plaider avec énergie la cause des opprimés. Qui leur garantit que cette liberté de la presse sera longtemps la sauvegarde de leurs droits ? Qui viola l'équité dans un point la violera dans mille, si cela devient nécessaire à son intérêt.

Quand la révolution de 1789 voulut régénérer la France, son langage séducteur entraînait les esprits ; l'image de la liberté revêtue des plus brillantes couleurs, environnée du double prestige de la gloire et de la félicité nationales, fascinait les yeux et exaltait les ames ; elle subjugua la multitude avide de nouveauté, prompte à croire ce qui flatte ses désirs, cette portion nombreuse et crédule de la société, qui mérite l'indulgence parce qu'elle souffre, et qu'elle est presque toujours de bonne foi, même dans les excès qu'elle commet. Le peuple armé contre le vertueux Louis XVI crut renverser avec lui la tyrannie ; il fut immolé ce monarque dont le noble cœur ne connut d'autre passion que l'amour de la patrie, que le bien-être du peuple ; et le bonheur et la liberté de ce peuple s'engloutirent avec Louis dans le même tombeau. Car était-il libre sous le régime des Robespierre, des Marat, des Danton, sous le despotisme ignoble et sanguinaire de ces farouches représentans qui mitraillaient la généreuse population de Lyon et noyaient celle de Nantes! Était-il libre quand la banqueroute de l'État eut fait disparaître le numéraire et qu'il ne recevait pour prix de son travail qu'un papier sans valeur avec lequel il ne pouvait pas même acheter du pain? Était-il libre lorsque la moindre plainte sur sa misère eût été punie comme un acte de rébellion? Était-il libre quand une guerre désastreuse enlevait tous les bras à l'agriculture et transformait la France en un vaste désert? Qui eût osé alors condamner tant d'excès? Quelle voix s'est fait entendre? Quelle plume eloquente a invoqué les saintes lois de l'humanité? Aucune. Toutes les bouches étaient muettes, tous les esprits glacés par la terreur. Cependant l'assemblée constituante avait consacré avec emphase la liberté individuelle, la liberté de la pensée, la tolérance religieuse, l'égalité devant la loi et tous les droits de l'homme. Encore, à cette époque d'effroyable mémoire où l'anarchie parcourait la France, un glaive sanglant à la main et renversant sur son passage des générations entières, tous les actes publics se faisaient au nom du peuple souverain. O cruelle dérision! Ainsi ce peuple était censé demander lui-même qu'on le décimât, qu'on le réduisît à la plus affreuse misère, et que, pour comble d'ignominie, on lui imposât le joug le plus honteux sous lequel une nation puisse fléchir, celui de la peur.

Enfin la fureur de la tempête s'apaise, tous ces monstres que la révolution avait enfantés sont dévorés par elle, la France sort de la stupeur, et se demande ce qu'elle va devenir. Un guerrier heureux et plein d'audace abandonne le rivage de l'Afrique, où il avait arboré la bannière républicaine, débarque en France, arrive à Paris, renverse la république expirante, et s'empare du pouvoir. Son nom déjà illustre par de brillans faits d'armes, son caractère énergique, ses opinions positives, rallient autour de lui tout ce qui sentait le besoin d'échapper a la tourmente révolutionnaire, c'est-à-dire la France tout entière, à peu d'exceptions près. Les lois reprennent leur vigueur, un nouveau Code est rédigé, les temples religieux sont ouverts, les autels relevés, et les ministres du culte qui ont échappé à la sanglante persécution sont réintégrés dans leurs fonctions augustes, et entourés du respect que commande le saint ministère qu'ils exercent. Sans doute cet homme, doué d'un génie vaste, d'un caractère ferme et entreprenant, cet homme dont la main vigoureuse comprimait les factions, ce favori de la victoire parvenu au faîte de la puissance en quelque sorte avec l'assentiment du pays qu'il gouvernait, cet homme environné à cette époque de l'admiration des nations étrangères, rendit à la France toutes ses libertés? Non. Il regnait par le fait, non par le droit; il voulut que pas une voix ne pût le lui dire, et il gouverna despotiquement · tout usurpateur habile agira dans tous les temps ainsi. Ce n'est pas impunément qu'on enfreint le principe fondamental de la justice; une fois engagé dans cette voie dangereuse il faut en adopter toutes les conséquences ou se résoudre à les subir. Ainsi cet homme qui avait conquis le sceptre sentit que pour le conserver il fallait que sa volonté fût tout : il opprima la nation qui l'avait nommé son chef; seulement, pour qu'elle aperçût moins le joug qu'il lui faisait porter, il le couvrit de lauriers. Tant que le succès couronna ses entreprises, on fut soumis ; mais dès que les revers eurent attiédi la foi qu'on avait en lui, tous les liens se relâchèrent, et cet édifice colossal, fruit de quatorze années de travaux et de calculs ambitieux, s'écroula. C'est alors que la France étend ses mains suppliantes vers la rive étrangère où languit dans l'exil la famille de ses rois ; un auguste vieillard entend sa prière, il accourt, et lui donne pour prix de sa confiance la constitution la plus libre dont un peuple jaloux de son indépendance puisse jouir, en harmonie avec les lumières de la civilisation, avec les vœux de l'époque, elle semblait satisfaire à tous les besoins · égalité de tous les citoyens devant la loi, mêmes droits pour tous de prétendre à toutes les fonctions, liberté politique et religieuse, affranchissement de la presse, représentation nationale, enfin toutes les garanties de prospérité que les peuples réclamaient, elle les renfermait. Mais hélas ! quand la reconnaissance dut combler à tout jamais le gouffre des révolutions, l'ingratitude au contraire le creusa de jour en jour. C'est ainsi qu'on vit des hommes dont le cœur est aussi pervers que leurs vues sont bornées mettre à profit quinze ans de paix, de liberté, d'incroyable condescendance, pour saper un gouvernement qui les protégeait, à l'appui duquel ils devaient leur fortune et leur position sociale.

La révolution de 1830 fut l'œuvre de l'égoisme et de la vanité ; ses résultats ne valent pas, en vérité, l'embarras qu'a dû causer à ses auteurs la comédie de *quinze ans ;* ils ne valent pas surtout l'impudeur d'un semblable aveu.

Trois opinions divisent aujourd'hui la France : l'opinion républicaine, qui veut renverser ce qui existe pour se mettre à sa place ; elle s'appuie sur les hommes fougueux, qui ne reculent ni devant les proscriptions sanglantes, ni devant les discordes intestines, ni devant la guerre européenne et tous les fléaux qu'elle peut attirer sur leur patrie ; l'opinion légitimiste, qui s'appuie sur le principe de la légitimité, comme seule garantie de liberté pour la France, et gage unique de paix avec l'Europe ; enfin l'opinion mixte et incertaine du parti qui gouverne, elle flotte dans le vague et ne s'appuie sur rien.

Examinons jusqu'à quel point les vœux des républicains peuvent être d'accord avec le bien-être ou la gloire de la France.

Toute forme de gouvernement, pour condition première de sa durée, doit être en harmonie avec les mœurs de la nation qu'elle régit. Sous le rapport matériel, la France, avec l'immense étendue de son territoire, avec le développement de son industrie et de son commerce, avec les besoins et les habitudes de luxe introduits généralement dans les classes intermédiaires de la société, et dans quelques contrées jusque dans la famille de l'artisan, peut-elle être une république ? Sous les rapports moraux, le

Français, léger, vain, d'un esprit mobile, inquiet, frondeur, le Français, accoutumé depuis quarante ans à se jouer des sentimens les plus sacrés, à rire de la sainteté du serment, à mettre en toute occasion et sans le moindre scrupule son intérêt personnel à la place de l'intérêt de la chose publique, est-il capable de ce dévouement absolu, de ce sacrifice perpétuel d'amour-propre, de fortune, de repos, de cette austérité de mœurs, qui constituent un vrai républicain? Car enfin il ne s'agit pas seulement de la satisfaction puérile de faire triompher un moment des théories, il faut que ces théories, appliquées au positif de la vie, puissent jeter de profondes racines dans les ames et fonder pour la patrie des institutions bienfaisantes et durables. Supposons que le parti républicain s'empare aujourd'hui du pouvoir, quelle sera la conséquence immédiate de ce fait? une ligue de l'Europe entière contre la France. Tant mieux, diront ces fiers républicains, la France ne fut jamais plus conquérante que lorsqu'elle marchait sous l'étendard de 93; elle montrerait encore sous ce même drapeau qu'elle sait résister aux souverains coalisés. Oui, jadis elle eut des succès; mais les monarques sommeillaient alors, et les peuples n'étaient pas désabusés des prétendus avantages de la révolution française. Maintenant elle se présenterait dans la lice avec une immense disproportion de forces morales et matérielles. Mais, diront peut-être nos adversaires, en renonçant à tout projet de conquêtes, on nous accordera du moins les moyens nécessaires pour défendre notre indépendance nationale; l'Espagne, moins populeuse que nous, n'a-t-elle pas lutté pendant cinq ans contre les armées de Buonaparte et de ses alliés? La France, divisée par les factions, n'a pas aujourd'hui la même homogénéité, c'est à nous seuls qu'il appartient de la lui donner; tous ceux qui ne seront pas dans nos rangs seront regardés comme nos premiers ennemis. Ainsi, il faudra bien que tout Français cherche une mort glorieuse à la frontière, ou qu'il la reçoive dans l'intérieur de la main de ses compatriotes. Insensés! si vous disposez de la force matérielle

pour exterminer vos concitoyens , disposez-vous aussi des volon-
tés et des ames ? Leur donnerez-vous cette conviction profonde ,
source première de toute résistance efficace ? Une guerre nationale, c'est tout un peuple transformé en un seul homme au jour
du danger et se devouant pour la patrie; parviendrez-vous à
persuader au peuple français que son bonheur et sa gloire dé-
pendent du triomphe de vos systèmes ? Les souvenirs de la révolution de 93 sont-ils assez doux pour qu'il ressente un désir bien
sincère de se replacer sous un semblable régime? Car enfin, le
peuple, ce n'est point cette portion oisive et corrompue de la
population des villes toujours prête à commettre tous les excès
pour un vil salaire; le peuple, c'est le cultivateur laborieux,
c'est l'artisan paisible et économe; et dans cette classe il y a
peut-être plus de vertus, de bon sens, de désintéressement, que
dans les rangs plus élevés. Une guerre nationale, ce n'est pas
seulement une résistance éphémère, c'est une défense longue et
constante , c'est une énergie toujours croissante et toujours unanime, une énergie que les revers ne refroidissent ni ne décou-
ragent, une énergie fruit de la conviction , et qu'un grand
sentiment peut seul inspirer. Or, depuis quinze ans, ne vous êtes-
vous pas attachés sans relâche à flétrir par le ridicule ce qu'il y
a de plus noble dans la nature humaine, ce qui est la source des
actions généreuses? N'avez-vous pas montré aux hommes les calculs égoïstes comme le seul mobile raisonnable et digne d'esprits
éclairés? Avec ces doctrines on corrompt les ames, on les dispose
à souffrir l'esclavage, mais non à le repousser. J'en appelle à
votre conscience, républicains de bonne foi, car sans doute il
est parmi vous des hommes sincères, qui voient dans cette forme
de gouvernement la perfection idéale des sociétés politiques; j'en
appelle à vous, républicains français, qui voulez le bonheur de
votre patrie, croyez-vous fermement qu'un semblable ordre de
choses puisse le lui donner? Vous êtes persuadés du contraire;
vous-mêmes prévoyez que si la France combattait aujourd'hui
pour soutenir vos systèmes, elle serait vaincue et peut-être asser-

vie. Cessez donc de l'entraîner dans une voie qui aboutit à sa ruine; l'opinion à laquelle vous appartenez n'est point une conviction, c'est une opinion de calcul ou d'animosité, et l'une et l'autre sont indignes d'un vrai patriote.

Examinons quels sont les vœux du parti légitimiste, et si ses vœux sont d'accord avec l'intérêt et la grandeur de la France.

Considéré dans les individus, ce parti n'est pas plus pur que les deux autres; mais les principes sur lesquels il s'appuie sont les seuls qui puissent aujourd'hui sauver la France et lui rendre la considération dont elle jouissait naguère parmi les puissances de l'Europe. Les dispositions des souverains ne sont pas douteuses; on voit assez clairement que le triomphe des idées républicaines exciterait leur courroux, comme l'invention de la quasi-légitimé a excité leur mépris. A l'égard des peuples, les révolutions de la Belgique et de l'Italie, la tentative des constitutionnels espagnols, et le sort de l'héroïque et malheureuse Pologne, montrent assez quel fonds on peut faire sur leur coopération. Ainsi l'opinion légitimiste est la seule en France qui s'appuie sur les intérêts du pays, sur sa grandeur matérielle et morale, la seule qui ait des sympathies avec l'Europe : elle s'appuie sur les intérêts du pays, en ce que replaçant les choses dans l'ordre moral, elle donne de la sécurité aux esprits, favorise les transactions commerciales, les entreprises industrielles qui font la richesse d'un État, et qui sont si complétement paralysées depuis un an, autant par défaut de confiance que par une pénurie réelle; elle s'appuie sur sa grandeur morale, en ce que, fondée sur un principe d'équité, elle sauve à la France la lutte des factions, et l'empêche ainsi de donner au monde entier le spectacle scandaleux d'une nation déchirée par ses propres fureurs; elle est encore pour elle un gage de paix et de prospérité, parce qu'elle est la seule qui ait des sympathies avec l'Europe. Cette assertion a besoin d'éclaircissement : en disant qu'elle a des sympathies avec l'Europe, je n'entends point qu'elle désire que l'Europe armée combatte pour sa cause; cette accusation, portée à

dessein contre elle pour la rendre impopulaire, est sans fonde-
ment. Les légitimistes ont tout autant d'orgueil national que
leurs rivaux, et repoussent avec un égal dédain l'intervention
étrangère ; mais par ces sympathies, j'entends qu'elle est la seule
dont le triomphe ne soit pas hostile à l'Europe, et la seule par
conséquent qui puisse donner à la France un gage de paix, et
lui laisser ainsi la faculté de travailler à sa prospérité intérieure.
Néanmoins, si l'opinion légitimiste triomphait, il faudrait pour
son propre salut que des institutions fortes, cimentées par tous
les intérêts nationaux, lui servissent de garantie contre les
fautes de son parti même.

Le parti légitimiste n'a pas organisé la révolution de 1830,
mais il a contribué à sa réussite par ses erreurs et ses maladresses ;
mais si l'on blâme avec raison ceux qui ont sacrifié le repos de la
patrie à leurs vues bornées, de quel langage doit-on se servir
pour parler de ces hommes que la famille des Bourbons avait
comblés de ses faveurs, qu'elle avait honorés de sa confiance ; de
ces hommes qui, à cette époque, n'avaient pas assez de formules
adulatrices pour protester de leur zèle et de leur dévouement, et
qui, non contens d'aller prostituer leurs sermens de fidélité à
Louis-Philippe, tandis que Charles X était encore sur le sol
français, prodiguent aujourd'hui des outrages au gouvernement
tombé, renient tous les souvenirs de la restauration et désavouent
ses bienfaits ? Honte et mépris pour ces ames vénales et pusilla-
nimes ! Il faut servir la patrie, dites-vous ? Servez-la donc dans
des emplois gratuits, servez-la dans les rangs de la garde nationale, ou si vous vous croyez obligés de remplir des fonctions
administratives, choisissez celles qui ne sont pas rétribuées,
alors on pourra croire à votre patriotisme.

'En remontant aux premières années de la restauration, nous
voyons le duc de Richelieu, doué du plus noble caractère, atta-
ché par conviction au système constitutionnel qu'on venait d'ap-
pliquer au gouvernement de la France, le duc de Richelieu
honoré de l'estime d'un monarque étranger dont les Français se

plaisaient à reconnaître la magnanimité, devenir l'objet de l'aversion des royalistes. M. de Cazes, courtisan de la reine Hortense, affectant des sympathies révolutionnaires, s'attachant à humilier les plus fidèles serviteurs des Bourbons, excita leur défiance, et cette fois il faut convenir qu'ils savaient pourquoi ils se liguaient contre le ministère. M. de Villèle, député, défenseur éloquent et intrépide des principes constitutionnels, fut considéré dès son début dans la carrière parlementaire comme le chef de l'opinion monarchique, et désigné par elle comme l'homme du destin pour conduire la France dans la voie constitutionnelle et monarchique. M. de Villèle arrive au ministère; il gouverne avec fermeté et sagesse, il comprime les factions au dedans, entreprend au dehors une guerre honorable, favorise le développement de l'industrie et du commerce, introduit l'économie dans les diverses branches de l'administration, diminue les impôts, élève le crédit de l'Etat au degré le plus florissant qu'il ait jamais atteint, et les royalistes font cause commune avec les ennemis du ministère; ils sont sans doute aujourd'hui bien fâchés de l'avoir fait. Arrive le ministère Martignac : son chef, orateur éloquent, jugea les prétentions du parti libéral avec toute la beauté de son ame ; il ne put croire qu'il eût le dessein de renverser à tout prix et par tous les moyens le gouvernement établi ; M. de Martignac, croyant ce parti sincère dans les vœux qu'il manifestait, fut disposé à lui faire des concessions. Ici s'ouvre une période d'hésitations, de haines, de défiances vagues, puis enfin de mesures violentes mal conçues et mal appliquées, qui hâtèrent le dénouement de la comédie de quinze ans. Cependant, en déversant le blâme sur les hommes monarchiques qui, par un inconcevable aveuglement, ont si mal servi leur cause, la justice prescrit de faire parmi eux d'éclatantes exceptions. Qui pourrait oublier la belle et courageuse profession de foi de M. de Conny, la voix loyale et éloquente de M. de Martignac défendant les intentions de l'infortuné Charles X, en présence de toutes les passions haineuses soulevées contre lui ! Honneur à ces nobles députés ! L'histoire tracera leurs noms avec orgueil , et la postérité les prononcera avec respect. Honneur encore au caractère antique et religieux de M. le comte de Kergorlay! honneur à M. le duc de Fitz-James et à quelques autres membres généreux de la chambre haute !

Néanmoins les légitimistes, en dépit de toutes les fautes qu'ils ont faites, en dépit de tous les torts qu'on peut leur reprocher, forment encore aujourd'hui le parti qui doit avoir le plus d'influence en France; cette influence, ses adversaires entreprendraient en vain de l'atténuer, puisqu'elle tire sa force des choses et non des hommes, qu'elle repose tout entière sur un principe consacré par les âges, et que toutes les sociétés européennes ont reconnu comme la sauvegarde du repos et de la durée des empires. Sans doute si chaque souverain pouvait dire en mourant comme Alexandre : *Le plus digne me succédera*, et que ce vœu fût rempli, ce serait un bonheur pour les peuples; mais l'équité préside-t-elle jamais à cette sorte de choix! Il suffit de lire dans l'histoire des monarchies électives les discordes civiles qui les ont déchirées à chaque élection nouvelle, pour se féliciter lorsqu'on est à l'abri de semblables fléaux. Ce n'est donc point au profit de quelques familles souveraines que le principe de la légitimité fut institué; mais bien comme garantie de l'existence et de la prospérité des nations. Or il découle de là que ceux qui le défendent contre des innovations dont rien jusqu'ici n'a démontré les avantages doivent avoir sur leurs antagonistes une supériorité immense; ils combattent sur un terrain ferme, ils s'appuient sur la force morale, sur la vérité et le droit. Leurs doctrines sont les seules qui puissent éloigner le despotisme de la France, tandis que celles de leurs adversaires tendent à le faire peser sur elle tôt ou tard; car le renversement des principes constitutifs des empires étant l'anarchie, et cet état violent et contre nature ne pouvant durer, il arrive toujours que les peuples sont entraînés par leurs propres excès à fléchir devant la tyrannie, sous peine de tomber en dissolution. La France est aujourd'hui bien près de ce double péril ; mais il dépend encore d'elle de l'éviter ; qu'elle ouvre les yeux et qu'elle change de route. Toute une nation reconnaissant ses erreurs, se rangeant par son vœu libre et par sa propre énergie sous l'étendard de la justice, serait un spectacle plus imposant, plus sublime, qu'une nation dominant le monde entier par la force de ses armes.

Examinons quels sont les vœux du parti qui gouverne actuellement, et ce qu'il peut pour la gloire et la prospérité de la France. Les hommes qui sont au pouvoir ont conspiré avec les républicains le renversement de la branche aînée des Bourbons ; ils ont véritablement joué la comédie, puisqu'ils se sont faits modérés avec les uns, audacieux avec les autres. Députés de l'opposition, ils protestaient de leur attachement à la famille régnante, et ne voulaient (disaient-ils) que les libertés du pays ; libéraux hypocrites, ils signalaient les royalistes comme partisans des idées rétrogrades et des abus les plus absurdes de la féodalité ; ils les signalaient comme des esprits opiniâtres, qui s'efforçaient d'entraver les développemens du système représentatif, tandis qu'eux-mêmes faisaient cause commune dans des affiliations secrètes avec les hommes fougueux qui ne voulaient ni des Bourbons ni d'aucun gouvernement monarchique. Cette union fut puissante aussi long-temps que tous ses membres tendaient vers le même but ; mais ce but une fois atteint, la scène change, et le repos de la société est de nouveau remis en question par leurs prétentions rivales. Les républicains ont combattu seuls dans les journées des 27, 28, 29 juillet 1830 ; les hommes du gouvernement actuel ont recueilli les fruits de la victoire, et se sont partagé les dépouilles des vaincus. Dejà riches de biens acquis que l'activité commerciale avait prodigieusement augmentés durant une paix de quinze ans, ils voulurent qu'un fantôme de royauté leur garantît la possession de ce qu'ils avaient, et consacrât à leur profit un fantôme d'aristocratie financière ; dans ce double dessein ils s'emparèrent du pouvoir pour eux et pour leurs amis, ne donnant aux républicains pour prix de leurs efforts

que des complimens et des croix. Ceux-ci, frustrés de leurs espé-
rances, repoussés du gouvernement par des hommes naguère
leurs alliés, et les royalistes, blessés à la fois et dans leurs affections et dans leur existence politique, devinrent en même temps
les ennemis naturels de l'ordre de choses sorti des barricades. Le
gouvernement nouveau se trouve donc forcé de naviguer entre
ces deux écueils, tout près de se briser contre l'un en adoptant
les idées démocratiques, ou près d'échouer sur l'autre en rentrant
dans la ligne monarchique ; être amphibie, il ne saurait se fixer
dans aucun de ces élémens, il ne peut que flotter dans le vague.
Son existence serait un problème insoluble, si elle ne prouvait
jusqu'à l'évidence le jugement sain du peuple, qui craint d'a-
voir encore pis. C'est une situation provisoire que la nôtre, pendant laquelle les esprits s'éclairent par les débats publics, aussi
bien que par le sentiment de la gêne matérielle, et dès que la vérité sera évidente pour tous, ils doivent nécessairement rentrer
dans une autre voie ; c'est la direction indiquée par la force des
événemens, et il ne dépend pas des hommes du pouvoir, quels
que soient d'ailleurs leurs talens, de les en éloigner. Pourquoi
ces hommes, désignés depuis nombre d'années par la moitié de
la France comme les esprits les plus éclairés, comme les seuls
qui comprissent les vœux de l'époque, et qui fussent capables de
porter la France au plus haut degré de prospérité ; pourquoi ces
hommes, dis-je, sont-ils aujourd'hui marqués par le cri public de
ce cachet de médiocrité qu'eux-mêmes avaient empreint d'une
main si libérale à tous les fonctionnaires de la restauration ? c'est
parce qu'il y a une immense différence entre parler et agir. Députés de l'opposition, ils attaquaient avec véhémence tous les actes
du pouvoir, et signalaient ses abus réels ou prétendus ; tout s'ar-
range dans un discours, les difficultés ne sont rien, on les élude,
ou si l'on se résout à les aborder, rien ne semble plus aisé que
de les vaincre ; mais c'est lorsqu'on est à l'œuvre, c'est lorsqu'on
vient à chaque pas se heurter contre les obstacles matériels, c'est
alors que l'on commence à comprendre l'indulgence qu'on doit à

ceux qui sont au timon des affaires, quand d'ailleurs leurs intentions sont pures et qu'ils gouvernent selon les lois de la justice. Fronder le pouvoir est malheureusement en France un moyen infaillible de popularité; tous les ambitieux le savent, aussi usent-ils largement de cette ressource. Si le gouvernement actuel pouvait s'appuyer sur son droit, il combattrait avec avantage ses ennemis; mais étant au contraire la conséquence d'un fait, il ne saurait vivre et se consolider que par l'arbitraire; si ses actes sont empreints tantôt de faiblesse, tantôt de violence, c'est parce que le vice de son origine le veut ainsi; le jour où il paraîtrait s'asseoir sur une base fixe serait le jour du despotisme, c'est-à-dire celui où il parviendrait à comprimer par la force matérielle tout ce qui milite contre lui. La position des hommes qui gouvernent aujourd'hui est infiniment plus difficile que ne le fut celle de Buonaparte au moment où il s'empara de la puissance; la France alors avait vu périr toutes ses libertés dans une longue et sanglante anarchie, elle était lasse de ses excès, et peu lui importait d'être asservie, pourvu qu'elle fût tranquille. Le retour d'un semblable ordre de choses, après les quinze années de la restauration, me semblerait impossible avec Napoléon lui-même, et cependant c'est l'unique planche de salut du pouvoir nouveau. Or, j'en appelle à vous, libéraux généreux, est-ce là ce que vous voulez pour la France?

Il arrive souvent, dans les discordes entre les partis comme dans les différends entre les particuliers, qu'il y a entre eux mille rapports secrets qui rendraient un rapprochement facile; mais chacun croit sa vanité intéressée à ne pas faire le premier pas, et l'on reste ennemis faute de consentir de part et d'autre à reconnaître ses torts. Le repos de la patrie est-il donc si peu de chose qu'on ne veuille pas même lui faire un sacrifice d'amour-propre! Pourquoi les hommes sincères de toutes les opinions ne s'entendraient-ils pas? ne sont-ils pas tous français? ne veulent-ils pas tous le bonheur de la France? Qu'ils discutent donc d'un commun accord, avec calme et impartialité, les véritables intérêts de la patrie, et que celui qui aura été convaincu se range sans arrière-pensée sous l'étendard de l'union.

Dans ces temps désastreux et menaçans de convulsions politiques, tout être pensant se trouve en quelque sorte entraîné hors de sa sphère; l'activité règne dans tous les esprits, de toutes parts surgissent des hommes qui agissent, qui parlent, qui écrivent; dans ces conjonctures, écrire est un devoir pour ces génies supérieurs dont les noms seuls sont des autorités, c'est un besoin pour certains êtres obscurs, mais qui sentent brûler dans leur cœur l'amour de l'humanité. Écrire dans de semblables circonstances, ce n'est point un métier, c'est une mission, et malheur à l'écrivain qui soulève les passions pour satisfaire ses vengeances ou pour servir les calculs de son ambition! Je m'arrête étonnée de ce que je fais; j'écris, moi, pauvre femme, dont l'intelligence est condamnée à ne se mouvoir que dans le cercle étroit des intérêts les plus vulgaires de la vie! j'écris, et j'ose traiter une haute question politique! j'ose la traiter en présence des passions tumultueuses près d'en venir aux mains! j'écris, et je ne saurais pas même attendre cette espèce d'approbation qu'on accorde à un homme qui brave un danger physique pour remplir un devoir; mon sexe me met à l'abri de tout péril, je ne puis en courir qu'un seul, c'est le ridicule. Je n'ai pas assurément la prétention de croire mon jugement infaillible : néanmoins tout être raisonnable peut avoir une bonne pensée, et je puis voir d'autant plus juste que je suis dégagée de tout mobile personnel. Étrangère à la France, je suis liée à ses destinées par les affections du cœur, mais non par les calculs du plus mince intérêt matériel; ses prospérités ne sauraient m'enrichir, et ses désastres ne peuvent m'ôter rien. Je n'eus jamais part aux faveurs de la restauration, je n'y avais aucun droit; la révolution de juillet ne m'a rien enlevé, une troisième restauration aurait lieu qu'elle ne changerait pas mon sort. Fixée en France depuis long-temps, j'ai été témoin de ses diverses phases politiques; je les ai observées dans le calme de la retraite; qu'elle me pardonne si, en lui offrant aujourd'hui

le fruit de mes observations, j'emploie ce langage acerbe que
dicte l'indignation en certaine rencontre. Ceux qui veulent trom-
per leurs semblables les flattent, ceux qui veulent les servir leur
disent la vérité. Profondément convaincue que le parti dominant
ne peut pas faire le bonheur de la France, et que les légitimistes
seuls le veulent et le peuvent, j'oi osé faire entendre une voix qui
part du fond de l'ame.

Mais, s'écrient tous nos adversaires, si nous ne ressentons aucune
sympathie pour cette famille dont vous nous parlez, comment
voulez-vous que nous consentions à lui obéir? Quoi! vos
cœurs ne ressentiraient aucune sympathie pour cette jeune et
héroique princesse qui, ayant vu frapper dans ses bras l'époux
qu'elle adorait, n'eut jamais un sentiment d'aigreur pour le pays
où elle éprouva de si cuisantes douleurs! Quoi! vous ne ressentez
aucune sympathie pour celle qui se plaisait à accueillir avec une
grâce et une bienveillance toute particulière les produits de vos
arts et de votre industrie, qui encourageait avec une bonté si
vive et si vraie tout ce qui contribuait à la gloire, à la richesse de
la France! Quoi! vous ne ressentez aucune sympathie pour celle
qui se mêlait à vos fêtes avec un abandon si noble, si touchant;
pour celle qui partagea vos joies avec le deuil dans le cœur et le
sourire sur les lèvres! Je ne vous crois pas! non, de pareils souvenirs ne perdent jamais leur puissance sur des hommes généreux
et sensibles. Quoi! vous n'éprouveriez non plus aucune sympathie pour ce royal enfant qui tressaillit dans le sein de sa mère aux
angoisses de son ame! pour cet être innocent, étranger à tous les
maux de la France, qui ne sut que l'aimer et prier pour elle! Ah!
gardez-vous de le repousser! Il est l'arc-en-ciel dans la tempête,
le gage de réconciliation entre le ciel et la terre.

ÉVERAT, Imprimeur, rue du Cadran, n° 16